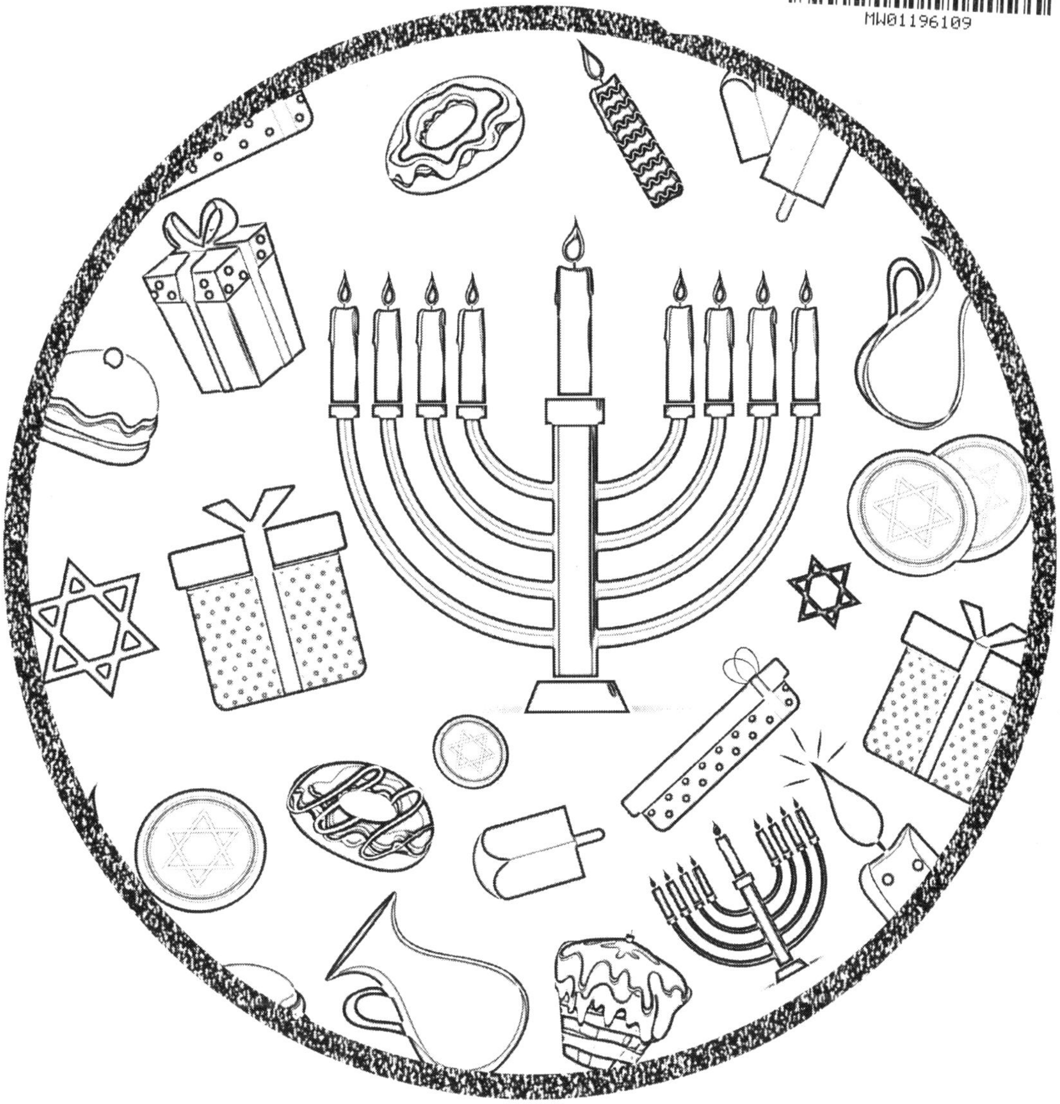

חנוכה

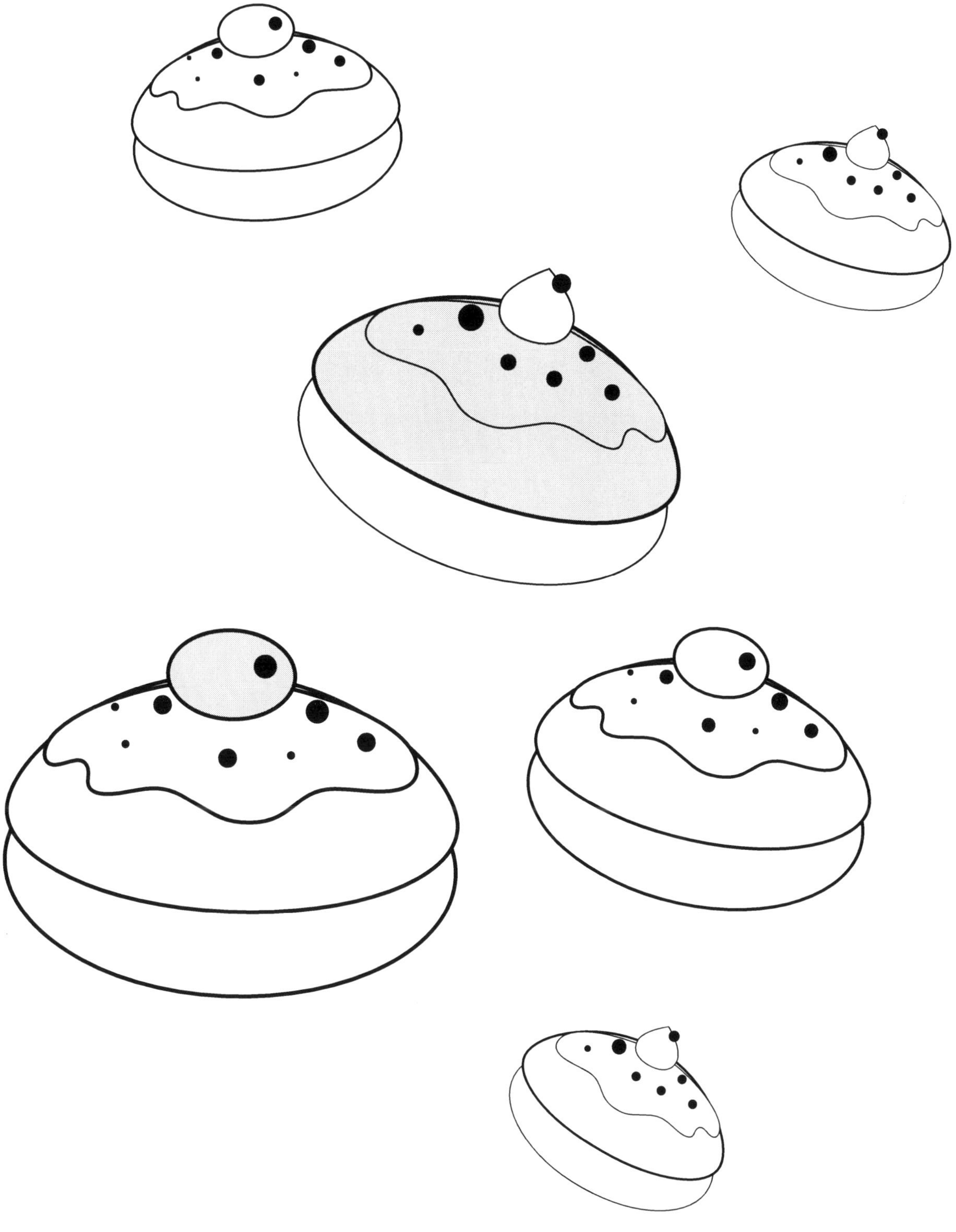

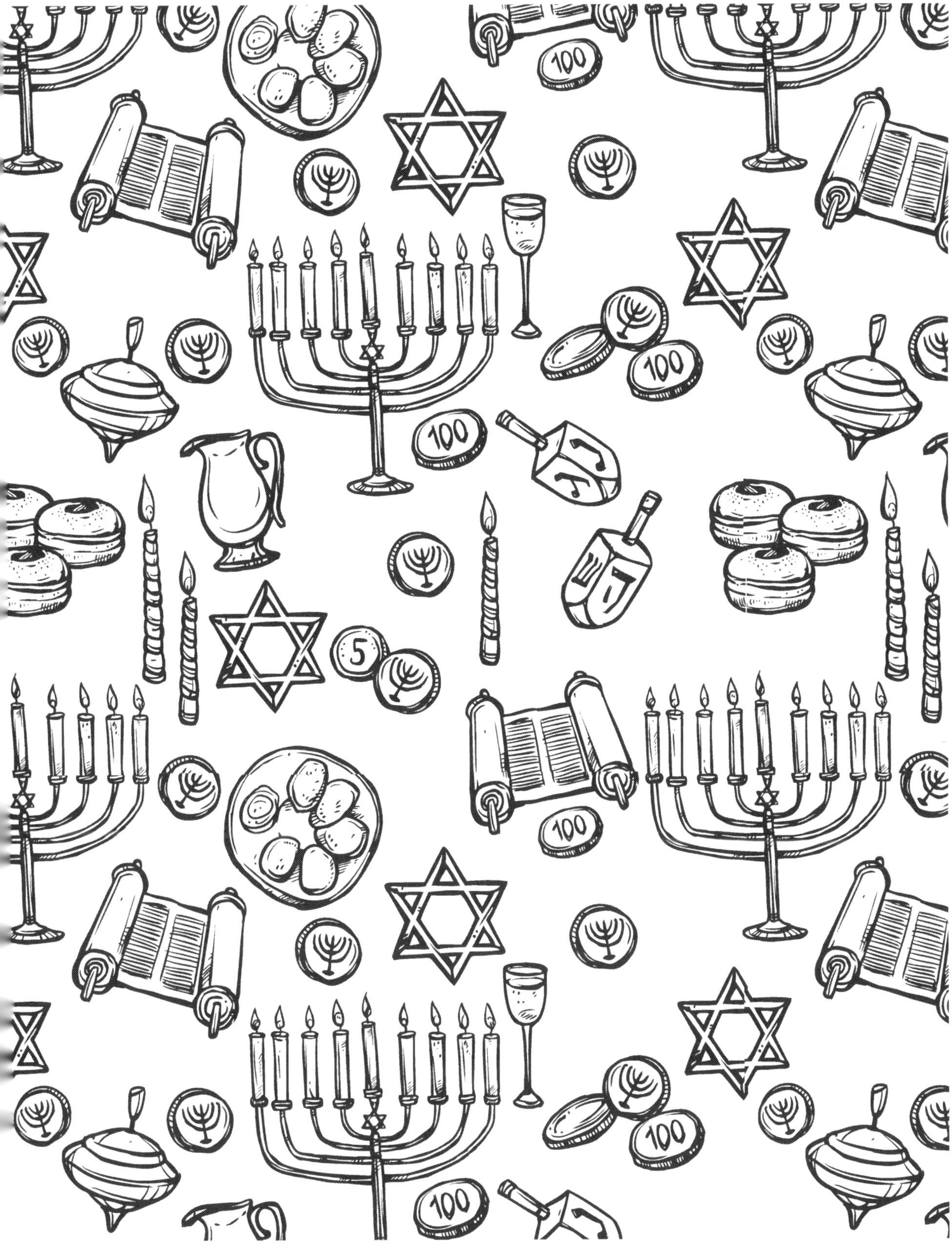
100
100
100
5
100
100
100

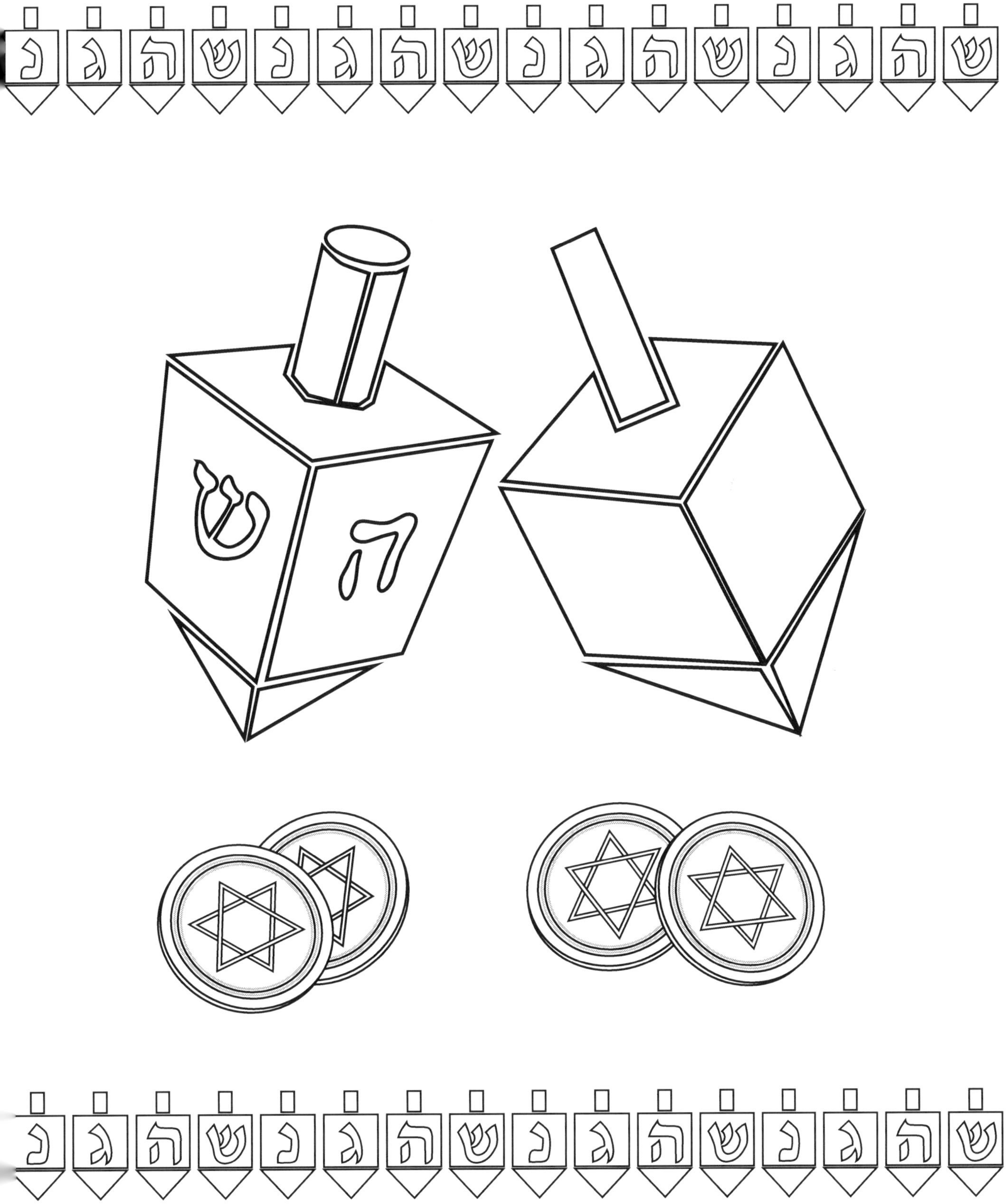
ש ה ג נ ש ה ג נ ש ה ג נ ש ה ג נ
ש ה
ש ה ג נ ש ה ג נ ש ה ג נ ש ה ג נ

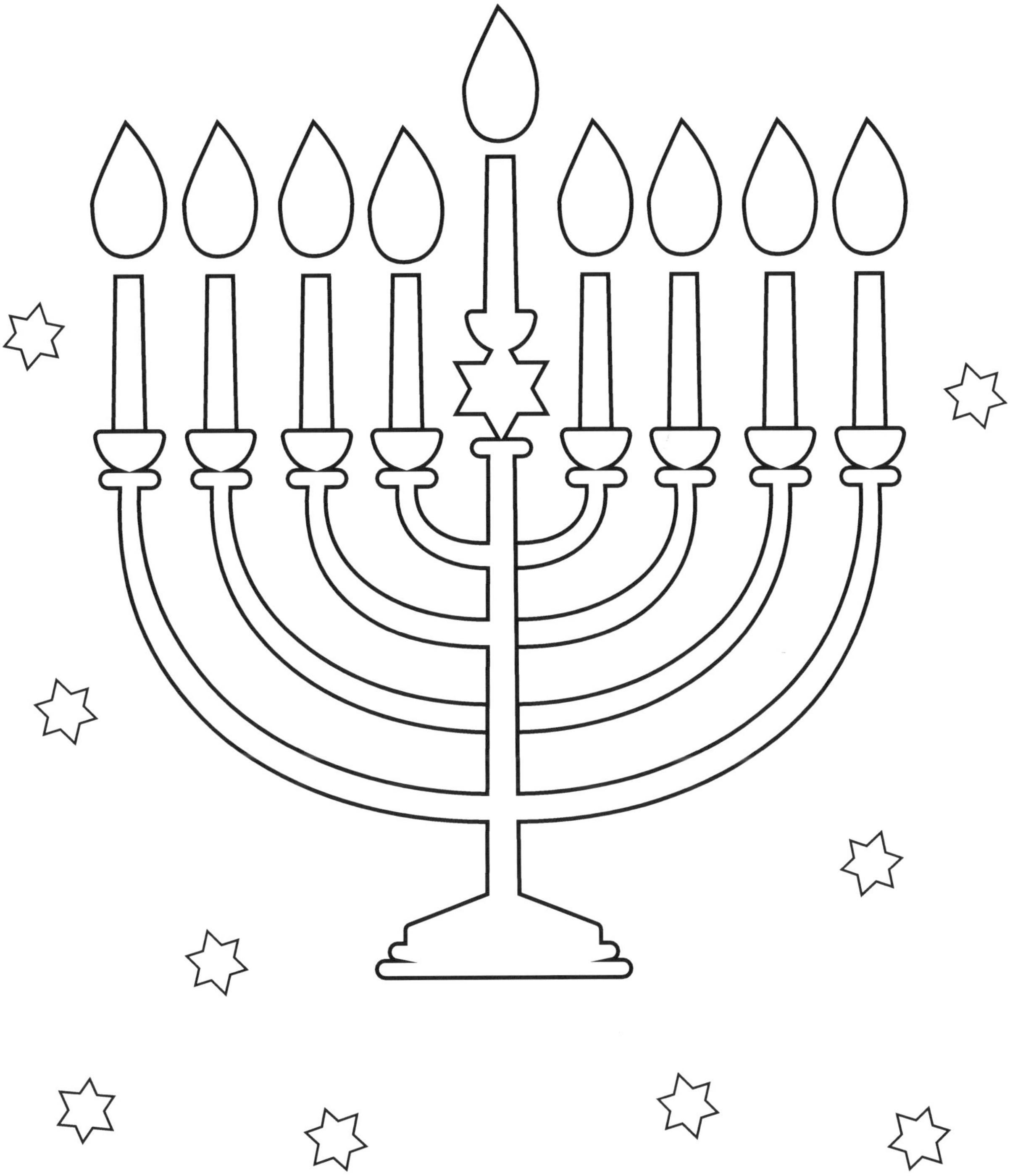

שמן

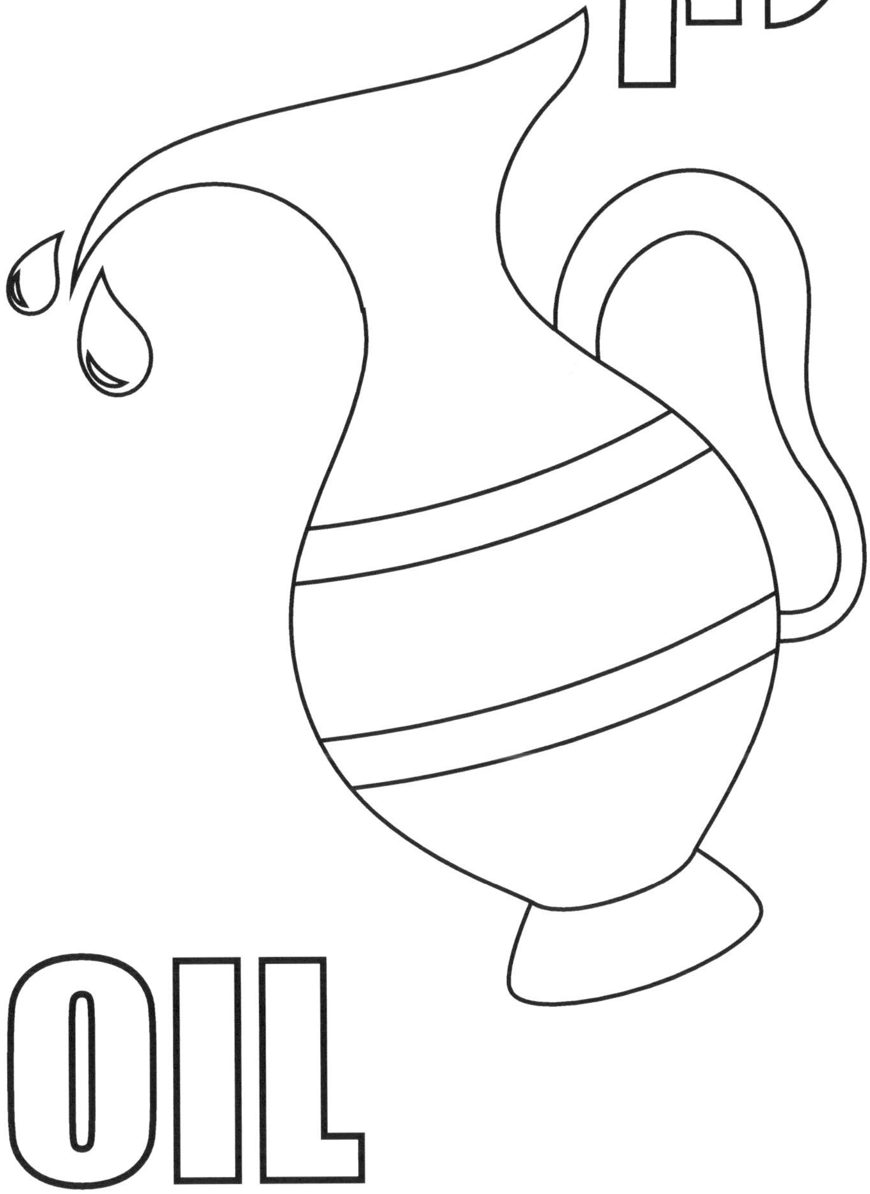

OIL

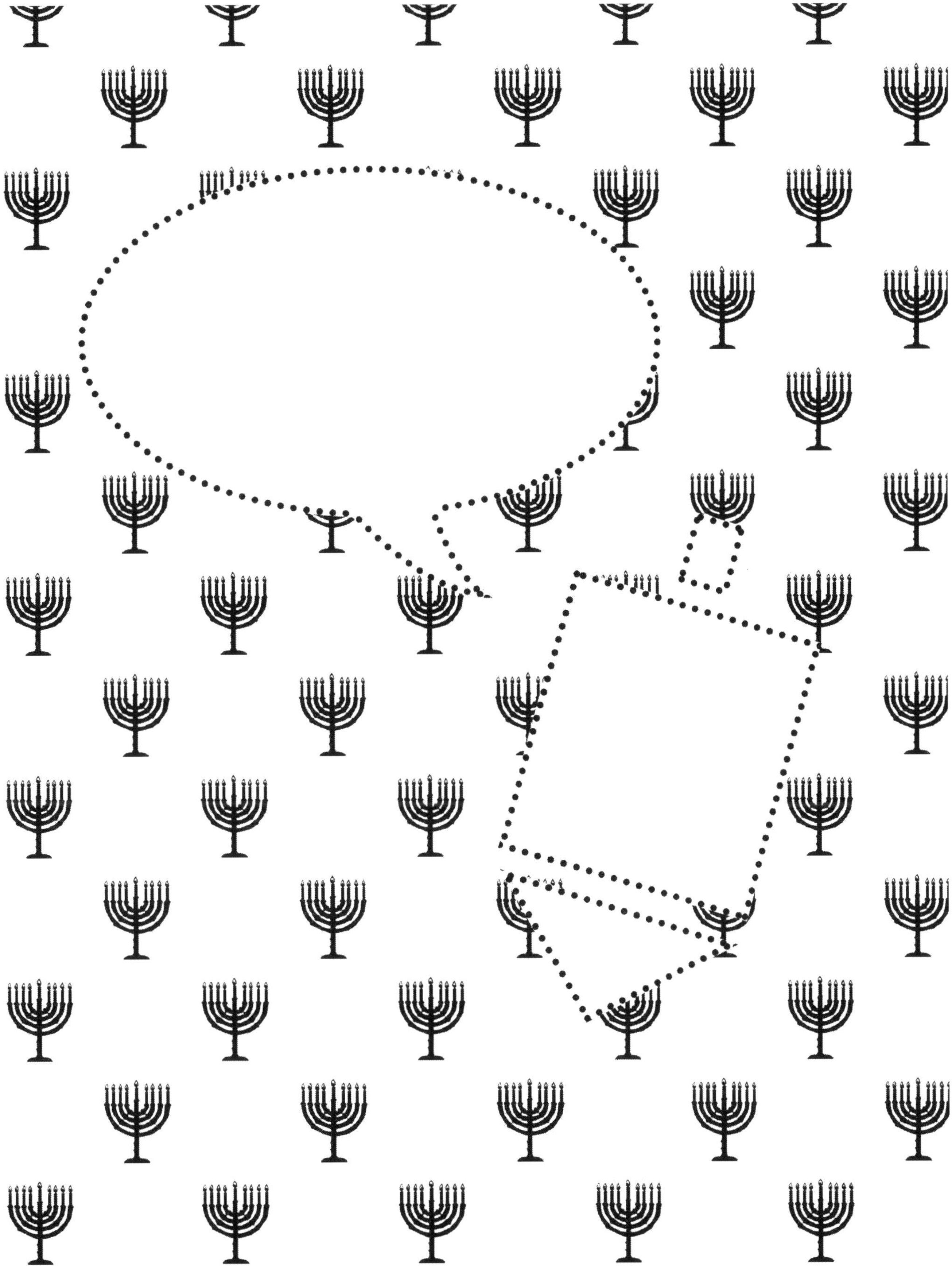

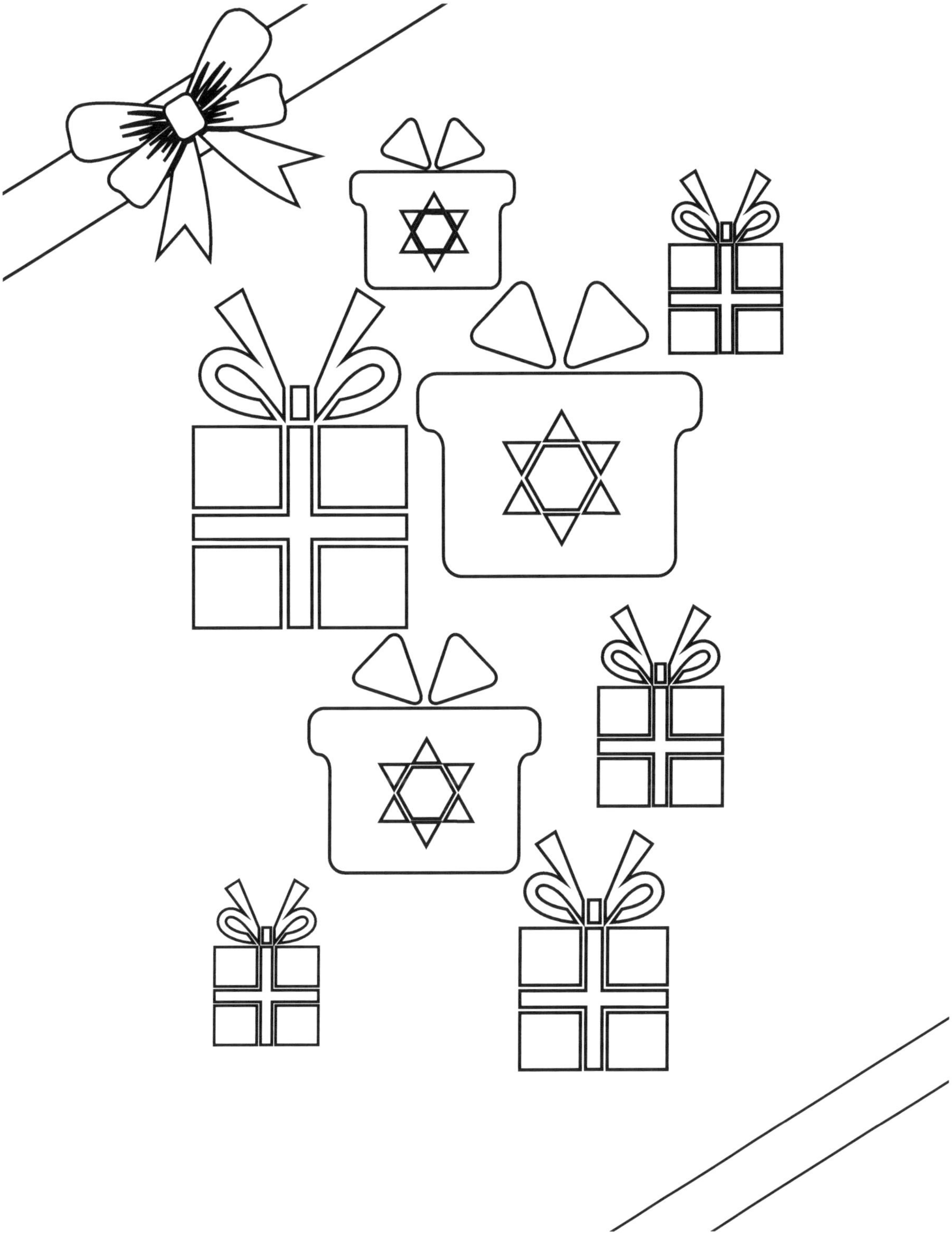

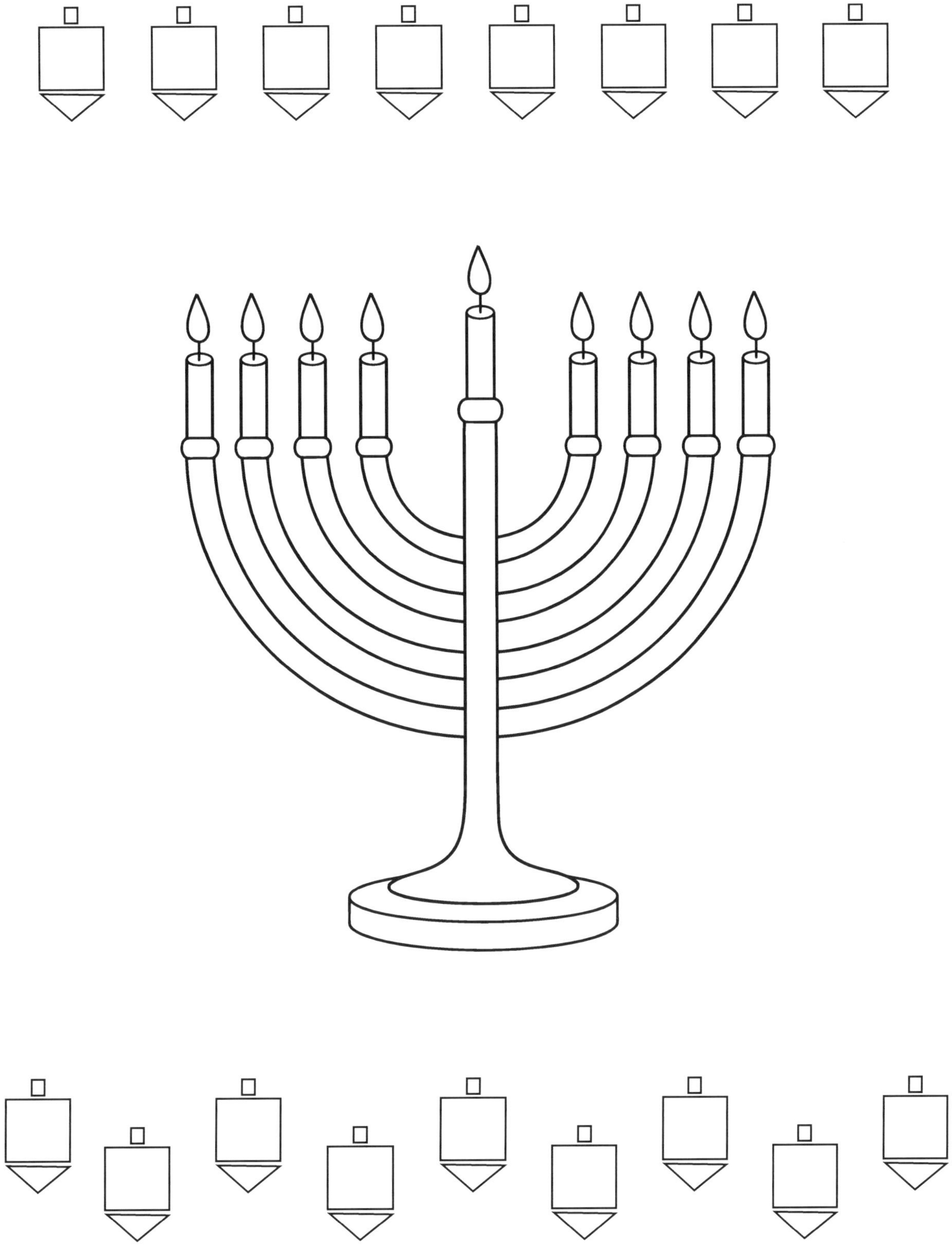

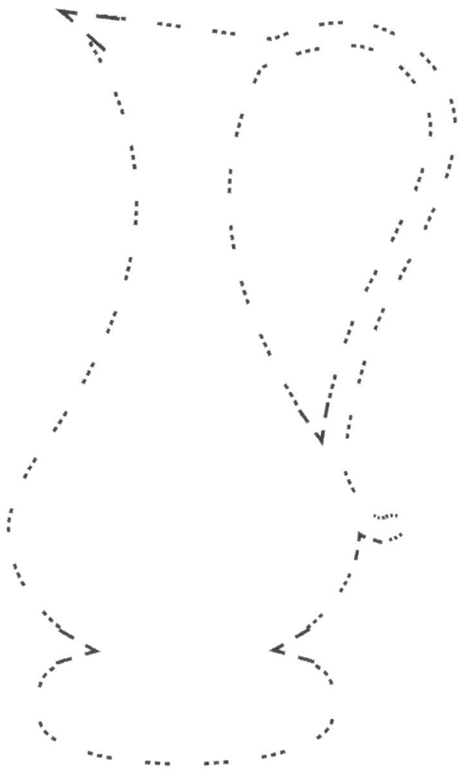

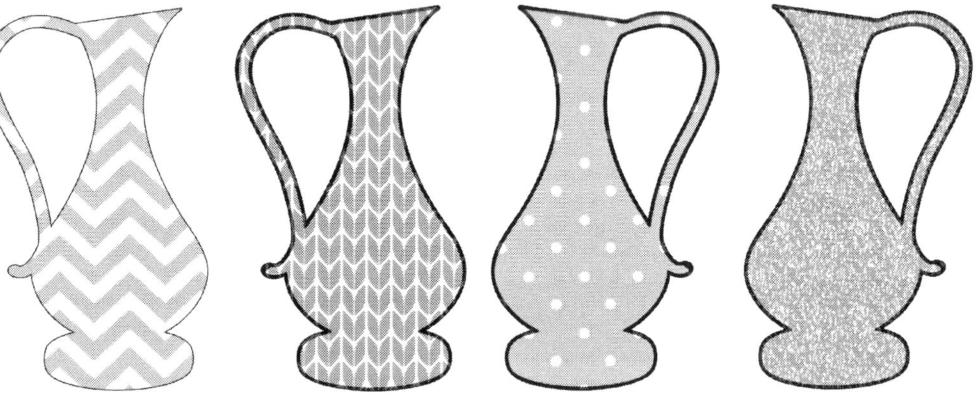

8

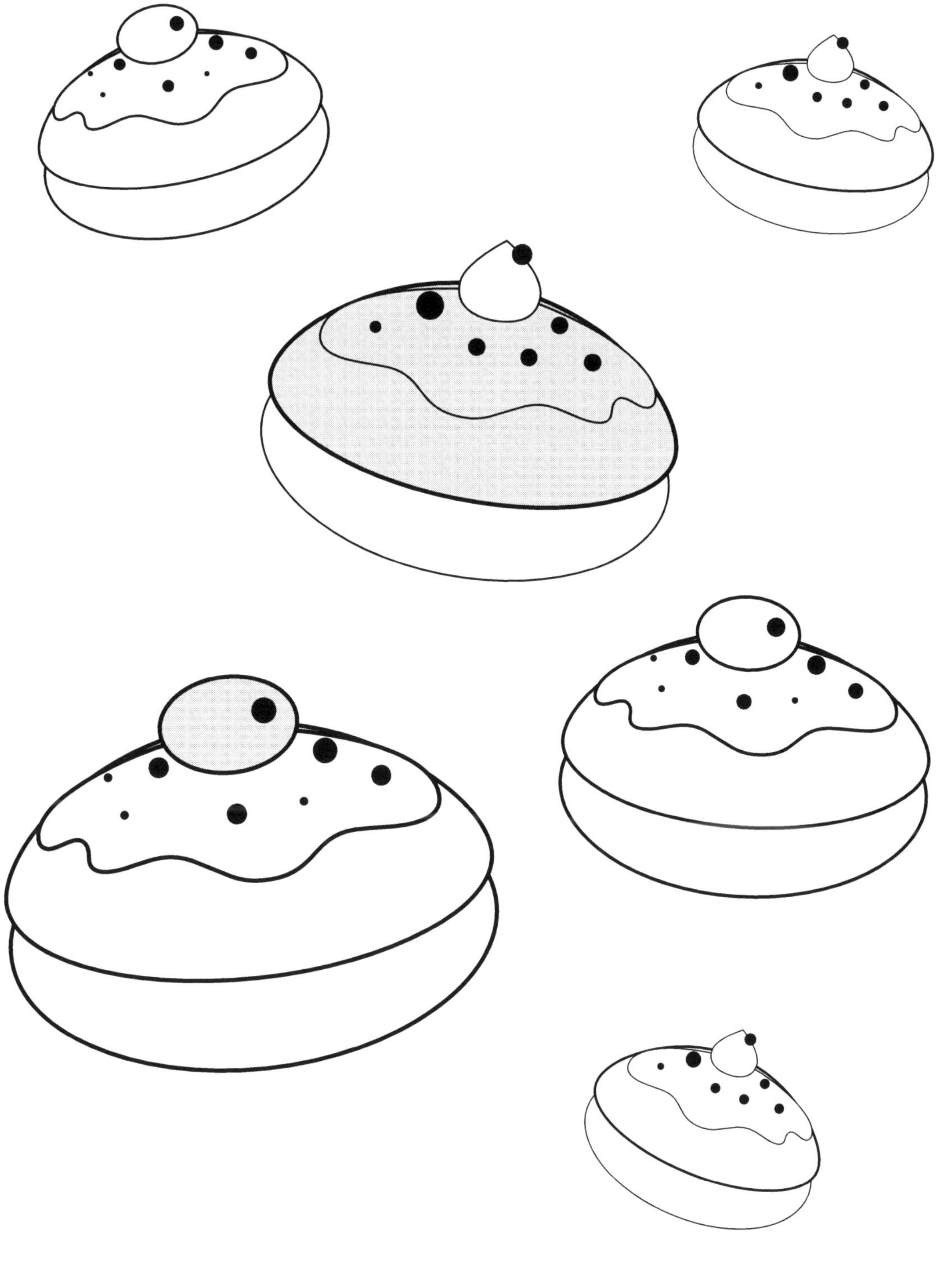

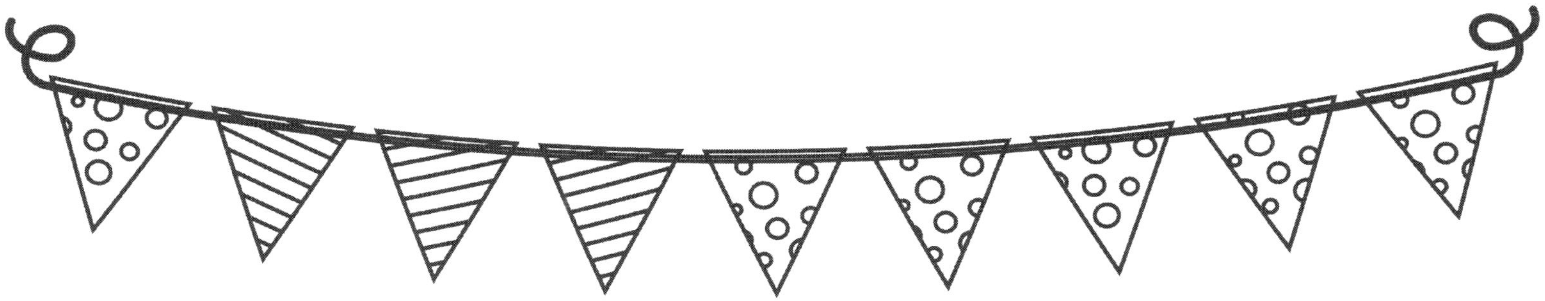

HAPPY HANUKKAH

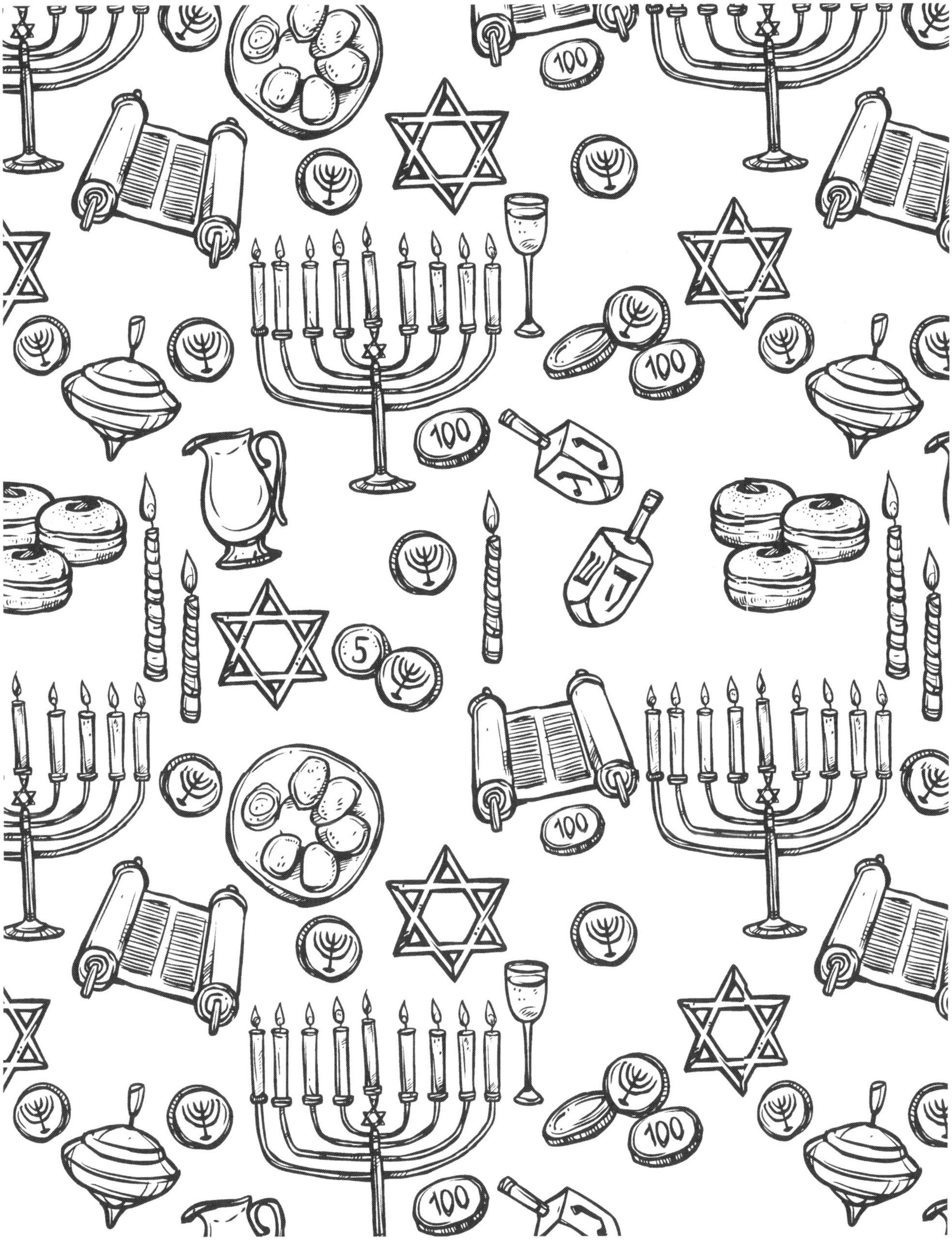
100
5

Made in the USA
Monee, IL
06 December 2019

18036449R00015